별난 사람들의 와글와글 그림 한자

내 친구 한자툰❹ 사람

별난 사람들의 와글와글 그림 한자

초판 1쇄 발행 2014년 8월 22일 | **초판 6쇄 발행** 2023년 3월 1일

글 버리 강(綱) | **이야기 그림** 김윤정 | **감수** 임완혁

펴낸이 김경택 | **편집** 최영선 | **디자인책임** 차승미 | **디자인** 이혜진

사진 토픽이미지 이미지클릭 프리피아(blog.naver.com/duck1044)

제작 박천복 김태근 고형서 | **마케팅** 윤병일 유현우 송시은 | **홍보디자인** 최진주

펴낸곳 (주)그레이트북스 | **등록** 2003년 9월 19일 제 313-2003-000311호

주소 서울시 구로구 디지털로31길 20 에이스테크노타워5차 12층

대표번호 (02) 6711-8673 | **홈페이지** www.greatbooks.co.kr

©그레이트북스, 김윤정 2014

ISBN 978-89-271-7691-6 ISBN 978-89-271-7542-1(세트)

별난 사람들의
와글와글

그림 한자

글 벼리 강(綱) | 이야기 그림 김윤정
감수 임완혁(영남대 한문교육과 교수)

그레이트
BOOKS

자유로운 상상의 나래를 펼치며
한자, 그 너머를 배우다!

누구나 한자를 배워야 한다는 데 공감하지만 막상 제대로 익히는 일은
쉽지 않습니다. 그런 면에서 〈내 친구 한자툰〉은 아이들의 눈높이에 맞춘
신선한 접근으로 눈길을 끕니다.

유쾌함과 즐거움이 넘칩니다. 재치 있는 소재, 화면 가득한 그림,
참신한 구성으로 엮인 한자의 파노라마가 흥미진진하게 펼쳐집니다.
자연스럽게 한자를 익힐 수 있습니다. 그림에서 출발한 한자의 특징과
기억이 용이한 그림의 장점을 결합하여 한자를 그냥 외우는 것이 아니라
제대로 알고 익히게 해 줍니다.
효율적이고 바람직한 한자 학습의 예를 보여 줍니다. 한자의 구성 요소인
모양, 소리, 뜻을 종합적으로 이해하고 자연스럽게 습득하도록 했습니다.
나아가 일상생활에서 쓰이는 한자의 예를 덧붙여 언어로서의 활용도를
높였습니다.

더불어 문화적 감수성과 개방된 사고, 인문적 사유를 키우면서 한자 학습을
즐길 수 있도록 배려한 점이 돋보입니다. 〈내 친구 한자툰〉은 학습 부담을
최소화하면서도 자연스러운 학습 과정을 통해 한자의 세계를 열어 줍니다.
이 책을 통해 아이들이 한자는 물론 그 이상의 가치를 배우길 기대합니다.

 영남대학교 한문교육과 교수 임완혁

이미지 리마인드 시스템
Image Re-Mind System

한자를 보면 그림이 바로 떠오르는
새로운 한자 학습법입니다. 한자를 그림으로
떠올리면 한자의 뜻은 저절로 따라옵니다.

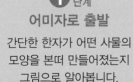

人
사람 인

伐
벨 벌

伐木
벌목

3 단계
한자어로 응용
한자가 들어가는 어휘를
그림으로 익힙니다.

1 단계
어미자로 출발
간단한 한자가 어떤 사물의
모양을 본떠 만들어졌는지
그림으로 알아봅니다.

2 단계
가족자로 확장
간단한 한자에 다른 글자가
더해져 복잡해진 한자도
그림으로 쉽게 이해합니다.

내친구 한자툰이 특별한 5가지 이유

01 간단한 한자 1개로 복잡한 한자 10개를 잡아요

정말?

처음에 한자는 子(자식 자)처럼 사물의 모양을 본뜬 간단한 글자(어미자)부터 만들어졌어요. 그 뒤 간단한 글자(어미자)에 다른 글자를 더해 새로운 뜻의 복잡한 글자(가족자)들이 생겨났어요. 아기를 본떠 만든 子(자식 자)에 수를 나타내는 산가지(爻)와 때리다(攵)가 더해지면 教(가르칠 교)가 되지요. 〈내 친구 한자툰〉은 한자가 만들어지는 이 같은 원리를 통해 간단한 한자 1개로 복잡한 한자 10개를 익히는 쉬운 방법을 알려 줘요.

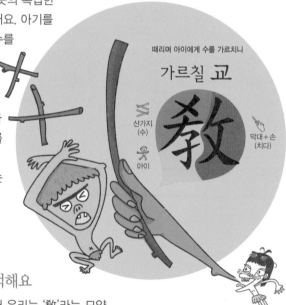

때리며 아이에게 수를 가르치니
가르칠 교

教

산가지 (수)

아이

막대 + 손 (치다)

02 한자를 그림으로 기억해요

教(가르칠 교) 자를 익힐 때 우리는 '教'라는 모양, '가르치다'라는 뜻, '교'라는 소리를 따로 외워 왔어요. 하지만 教(가르칠 교)를 보고, 아이에게 수를 가르치는 모습을 떠올릴 수 있다면 어렵지 않게 한자의 모양과 뜻을 알 수 있어요. 〈내 친구 한자툰〉은 한자 자체를 한 편의 그림으로 풀어서 한자의 뜻과 모양을 종합적으로 이해하며 기억할 수 있게 했어요.

한자야? 그림이야?

03 어휘력이 풍부해져요

우리말의 70%는 한자어! 특히 국어, 사회, 수학, 과학 등의 교과서에
나오는 학습어 대부분이 한자어예요. 그래서 한자를 아는 아이들과 모르는
아이들은 교과 이해도에서 크게 차이가 나지요. 〈내 친구 한자툰〉은 한자를
익히는 데서 끝나지 않고, 어휘와 연결해 실제로 활용할 수 있게 도와줘요.

04 옛사람들의 생활이 보여요

한자에는 옛사람들의 삶과 문화가 배어 있어요. 아이가
자라 어른이 되면 머리에 비녀를 꽂았어요. 이를 모르면
'夫'가 어쩌다 '사내'란 뜻으로 쓰이는지 이해할 수 없어요.
〈내 친구 한자툰〉은 옛사람들의 생활 속에서 한자를 깊이
있게 이해하도록 도와줘요.

05 웃다 보면 저절로 한자 공부가 돼요

〈내 친구 한자툰〉은 재미있어요. 자세를 이리저리
잘도 바꾸는 요가킹, 울보란 놀림을 딛고 일어선
번개 무사 등 별난 사람들과 만나서
깔깔 웃다 보면 어느새 한자가 쏙쏙,
저절로 기억될 거예요.

차례

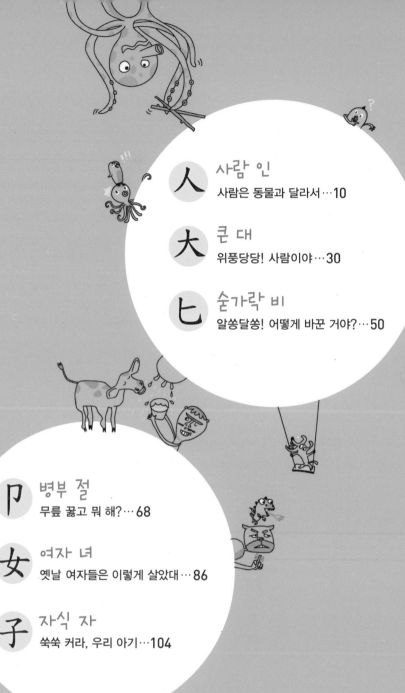

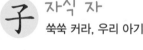

같이가

먼저
실례~

사람은 동물과 달라서

人(사람 인)은 사람의 옆모습을 본뜬 글자야.

人 → 키 → 人(亻)

사람은 동물과 달리 두 발로 걷고 도구를 사용해.
또 사회를 이루고 여럿이 더불어 살아가지.
人(사람 인)이 쓰인 글자들을 보면
사람들이 어떤 모습으로 생활하며
무엇을 중요하게 생각했는지 알 수 있어.

01 • 사람과 옷
依 의
介 개

02 • 사람과 무기
備 비
伐 벌

03 • 사람의 머리
元 원
兒 아

사람 인

04 • 사람 사이
仁 인
信 신

따뜻하게, 단단하게

옷은 사람이 만든 최고의 발명품 중 하나야.
사람들은 옷으로 몸을 보호하고 찬 바람과 적의 공격까지 막아 냈어.
이만하면 사람이 옷에 의지한다고 할 만하지?

● 추위 따위를 막으려 사람이 옷에 기대니

의지할 **의**

依

사람　　옷

• 사람이 갑옷에 몸을 끼우니

낄 개

介

사람

갑옷

크~엉

맨몸으로
맞설 순 없어.
어서 갑옷을....

쿵~
잘 안껴져

여기 투구

발 빼!
어서어서

• **介** (낄 개) 옛 모습은 𠔀. 갑옷 안에 사람이 들어 있는 모양이었어.

혼자는 못해

人
依
기댈 의

- 의지 (依 + 支 지탱할 지)
  혼자 서지 못하고 다른 것에 몸을 기대어 서는 것.
- 의존 (依 + 存 있을 존)
  어떤 일을 혼자 못하고 남의 도움을 받아 하는 것.

● 의지(依支)

● 의존(依存)

참견쟁이 곰

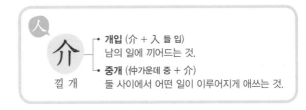

介
낄 개

人
- **개입** (介 + 入 들 입)
  남의 일에 끼어드는 것.
- **중개** (仲가운데 중 + 介)
  둘 사이에서 어떤 일이 이루어지게 애쓰는 것.

● 개입(介入)

● 중개(仲介)

준비 끝! 다 덤벼

사나운 짐승과 맞서려면 맨손으로는 곤란하지.
그래서 준비한 것이 화살과 창이야.
자, 이제 무기를 갖추었으니 다 베어 버리자고!

● 사람이 창을 휘두르니

벨 벌

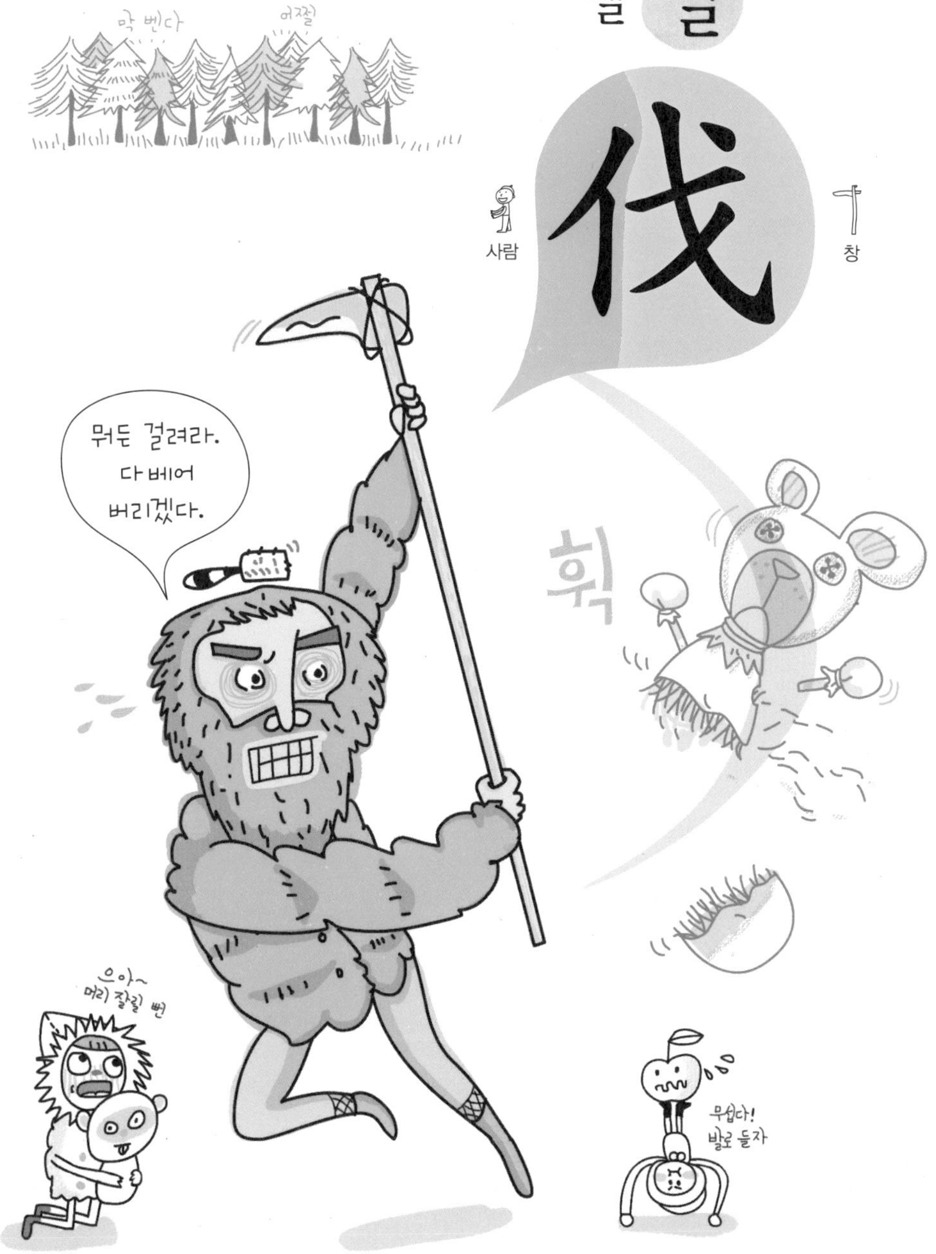

대비는 완벽하게

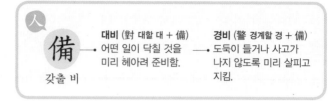

備
갖출 비

→ 대비 (對 대할 대 + 備)
어떤 일이 닥칠 것을 미리 헤아려 준비함.

→ 경비 (警 경계할 경 + 備)
도둑이 들거나 사고가 나지 않도록 미리 살피고 지킴.

● 대비(對備)

● 경비(警備)

18

도둑의 숲에서

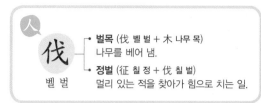

人
伐
벨 벌

- **벌목** (伐 벨 벌 + 木 나무 목)
  나무를 베어 냄.
- **정벌** (征 칠 정 + 伐 칠 벌)
  멀리 있는 적을 찾아가 힘으로 치는 일.

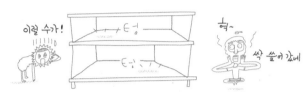

● 벌목(伐木)

● 정벌(征伐)

사람은 머리가 으뜸

사람이 뛰어난 이유는 머리를 쓸 줄 알기 때문이야.
옷이며 무기며 더 기막힌 발명품이 모두 사람의 머리에서 나왔으니,
뭐니 뭐니 해도 머리가 으뜸 아니겠어?

● 사람의 머리가 제일 뛰어나니

으뜸 원

머리
사람

元

모두
내 머릿속에서
나온 발명품이야.

시간의
프리즘

화학 램프

10초 밥솥

전자동 바퀴

오~
으뜸이군

하나만!

무적의 활

진짜?

• **元 (으뜸 원)** '으뜸'은 '뛰어나다'와 함께 '첫째', '시작'의 뜻이 담겨 있어.

20

원조! 할매 떡볶이

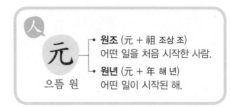

人

元
으뜸 원

- 원조 (元 + 祖 조상 조)
  어떤 일을 처음 시작한 사람.
- 원년 (元 + 年 해 년)
  어떤 일이 시작된 해.

● 원조(元祖)

● 원년(元年)

22

찡가의 어린 시절

人

兒
아이 아

- 태아 (胎 아이 밸 태 + 兒) 엄마 배 속에 있는 아이.
- 영아 (嬰 갓난아이 영 + 兒) 젖먹이.
- 유아 (幼 어릴 유 + 兒) 한 살부터 여섯 살까지의 어린아이.

● 태아 (胎兒)

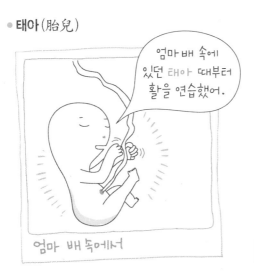

엄마 배 속에서

● 영아 (嬰兒)

꼬꼬마 시절

● 유아 (幼兒)

✿ 사냥 대회 1등 기념 ✿

여럿이 사이좋게! 더불어 행복하게!

사람은 혼자 살 수 없어. 다른 사람과 서로 돕고 의지하며 살아가지.
여럿이 더불어 잘 지내려면 어떤 마음가짐이 필요할까?
옛사람들은 서로를 배려하는 어진 마음과 상대에 대한 믿음을 꼽았어.

● 사람의 말은 믿음직해야 되니

믿을 신

信

사람   말

나 찡가! 힘만은 자신 있어. 대장으로 뽑아 주면 힘든 일은 전부 내가 할게.

믿고 뽑아 줘!

말한 대로 행동할 거야!

사냥꾼 대장후보 1번 찡가

신뢰 팍팍

오~

믿음 팍!

글쎄

25

동대문 나들이

人

仁

어질 인

→ 흥인지문
(興 일어날 흥 + 仁 + 之 어조사 지 + 門 문 문)
우리나라 보물 1호인 동대문의 이름.
어진 풍속이 크게 일어나길 바라는 의미를 담고 있음.

● 흥인지문(興仁之門)

꽤—새야?

이곳이 흥인지문!
어진 마음이 커지기를
바라는 뜻으로 지은
이름이래.

싫어. 그러다
나까지 어질어지면
어떡해.

난 이미
새사람 됐어!

너도 가라
흥인지문

가 보자

놀부

백설공주 계모

믿음을 저버린 찡가

人
信
민을 신

- **신뢰** (信 + 賴 의지할 뢰)
  믿고 의지함.
- **배신** (背 등질 배 + 信)
  믿음을 저버림.

● 신뢰(信賴)

● 배신(背信)

위풍당당! 사람이야

大(큰 대)는 팔다리를 한껏 벌리고
똑바로 서 있는 사람을 본떴어.

이렇게 서면 몸집이 훨씬 커 보이는 까닭에
사람의 모습을 본뜨고도 '크다'란 뜻으로 썼지.
大(큰 대)를 넣어 만든 글자에도
크고 특별한 사람의 모습이 담겨 있어.

01 • 하늘을 이고
太 태
天 천

02 • 머리에 얹고
夫 부
美 미

03 • 땅을 딛고
立 립
竝 병

大
큰 대

큰 사람, 높은 하늘

大(큰 대) 자로는 부족했는지 사람들은 大(큰 대)에 점을 찍어 '정말 큰'
太(클 태)를 만들었어. 그런데 아무리 커 봤자 위로 하늘이 버티고 있는 거야.
이번에는 큰 사람 위에 선을 쭉 긋고 天(하늘 천)이라 이름 붙였지.

오봉이의
태평양 횡단

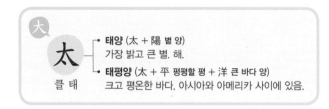

太
클 태

→ 태양 (太 + 陽 볕 양)
가장 밝고 큰 별. 해.

→ 태평양 (太 + 平 평평할 평 + 洋 큰 바다 양)
크고 평온한 바다. 아시아와 아메리카 사이에 있음.

34

도넛이 부족해

大
太
클 태

- **태반** (太 + 半 반 반)
  절반을 훨씬 넘음.
- **태부족** (太 + 不 아니 부 + 足 족할 족)
  많이 모자람.

● **태반**(太半)

● **태부족**(太不足)

하늘과 땅 차이

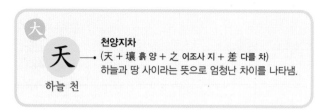

大
天 → 천양지차
(天 + 壤 흙 양 + 之 어조사 지 + 差 다를 차)
하늘 천   하늘과 땅 사이라는 뜻으로 엄청난 차이를 나타냄.

● 천양지차(天壤之差)

타고난 재주와 성품

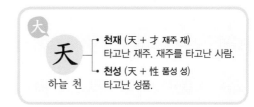

大

天
하늘 천

- **천재** (天 + 才 재주 재)
  타고난 재주. 재주를 타고난 사람.
- **천성** (天 + 性 품성 성)
  타고난 성품.

● **천재(天才)**

$$Q \rightarrow \sum_{i=1}^{\infty} \tan^{-1}\left[\frac{1}{2i^2}\right] = t, \quad \text{then } \tan t = ?$$

$$\text{풀이} \quad t = \sum_{i=1}^{\infty} \tan^{-1}\left[\frac{1}{2i^2}\right] = \sum_{i=1}^{\infty} \tan^{-1}\left[\frac{(2i+1)-(2i-1)}{1+4i^2-1}\right] = \sum_{i=1}^{\infty}\left[\tan^{-1}(2i+1) - \tan^{-1}(2i-1)\right]$$

$$t = \tan^{-1}3 - \tan^{-1}1 + \tan^{-1}5 - \tan^{-1}3 + \cdots + \tan^{-1}(2n+1) - \tan^{-1}(2n-1)$$

$$\Rightarrow t = \lim\left[\tan^{-1}(2n+1) - \tan^{-1}1\right] = \lim_{n\to\infty}\tan^{-1}\left[\frac{2n}{1+(2n+1)}\right] = \lim_{n\to\infty}\tan^{-1}\left[\frac{2}{1+\frac{1}{n}}\right]$$

$$\Rightarrow t = \tan^{-1}(1) = \frac{\pi}{4} \Rightarrow \tan t = 1$$

천재다!
타고난 재주가
놀랍구나.

쉽네!
정답은 1.

짱이다

● **천성(天性)**

가질래?

착하다

고... 고마워

아기 때도

너, 입어.

타고난
성품인가 봐.
천성이 착한
거지.

또줘?

자라서도

머리 장식으로 특별하게!

옛날에는 머리 장식으로 사람의 나이나 신분을 나타냈어.
나이가 차면 비녀로 머리를 올려 어른임을 표시했고, 모두가 우러러보는
제사장은 양 머리 가죽 같은 특별한 장식으로 자신의 지위를 뽐냈어.

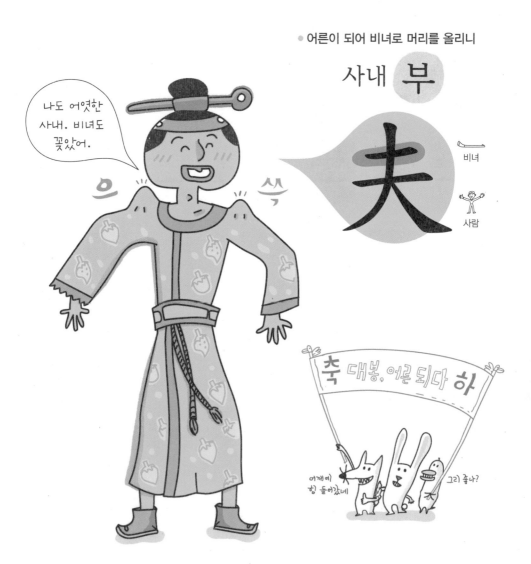

● 어른이 되어 비녀로 머리를 올리니

사내 부

夫

비녀

사람

나도 어엿한 사내. 비녀도 꽂았어.

으

쓱

축 대봉, 어른 되다 하

어깨에 힘 들어갔네

그리 좋나?

● 양 머리를 쓰고 아름다움을 드러내니

아름다울 미

같은 사내라도
마음 씀씀이가 달라!

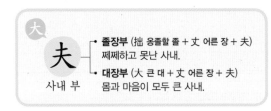

夫
사내 부

- **졸장부** (拙 옹졸할 졸 + 丈 어른 장 + 夫)
  쩨쩨하고 못난 사내.
- **대장부** (大 큰 대 + 丈 어른 장 + 夫)
  몸과 마음이 모두 큰 사내.

● **졸장부**(拙丈夫)

● **대장부**(大丈夫)

미담, 그 뒤

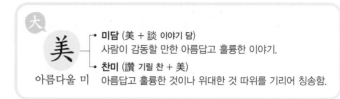

美
아름다울 미

- **미담** (美 + 談 이야기 담)
  사람이 감동할 만한 아름답고 훌륭한 이야기.
- **찬미** (讚 기릴 찬 + 美)
  아름답고 훌륭한 것이나 위대한 것 따위를 기리어 칭송함.

● **미담**(美談)

● **찬미**(讚美)

서자! 땅을 딛고 우뚝

사람이 동물과 다른 점은 첫째가 두 발로 똑바로 서서 걷는다는 거야.
아기가 일어서서 걷기까지는 무려 1년이나 걸린다는 사실!
땅을 딛고 선다는 건 정말 대단한 일이지?

• 𣥂(큰 대) 大(큰 대)와 모습이 조금 다르지만 같은 글자야.

● 땅을 딛고 두 사람이 나란히 섰으니

나란히 병

오봉이의 독립 선언

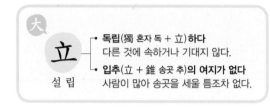

立
설 립

- 독립(獨 혼자 독 + 立)하다
  다른 것에 속하거나 기대지 않다.
- 입추(立 + 錐 송곳 추)의 여지가 없다
  사람이 많아 송곳을 세울 틈조차 없다.

● 독립(獨立)하다

● 입추(立錐)의 여지가 없다

나란히, 나란히

大

立

나란히 병

- **병행** (立 + 行 행할 행)
  여러 일을 한꺼번에 하는 것.
- **병렬** (立 + 列 벌일 렬)
  나란히 늘어섬.

● **병행**(立行)

● **병렬**(立列)

내 자세가 궁금해?

조각상은 자세에 따라 크게 입상, 좌상, 와상으로 나뉘어.
세계 유명 조각상의 자세를 살펴보자.

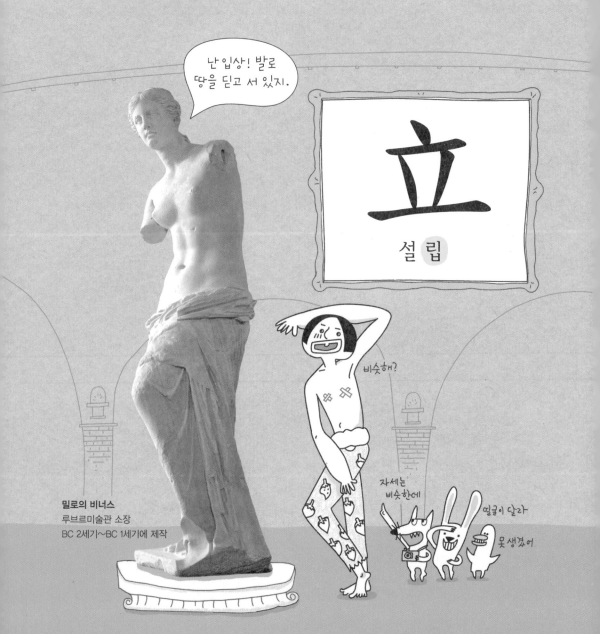

난 입상! 발로
땅을 딛고 서 있지.

立

설 립

비슷해?

자세는
비슷한데

얼굴이 달라

못 생겼어

밀로의 비너스
루브르미술관 소장
BC 2세기~BC 1세기에 제작

坐

앉을 좌

로댕의 생각하는 사람
로댕미술관 소장
19세기에 제작

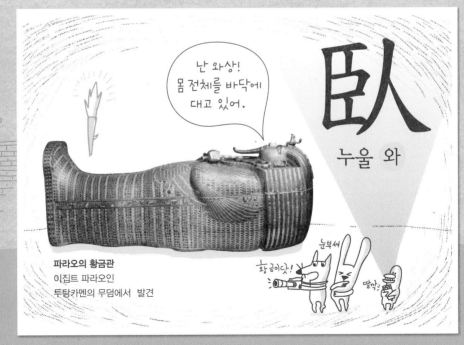

臥

누울 와

파라오의 황금관
이집트 파라오인
투탕카멘의 무덤에서 발견

숟가락 비

알쏭달쏭! 어떻게 바꾼 거야?

옆으로 돌아앉은 사람의 모습을 본뜬 글자도 있어.

ㅂ → ㅂ → ㄴ

그런데 글자의 뜻이 '숟가락'이야.
사람을 본떠 만들었지만, 그 모양이 숟가락을
본뜬 글자와 똑같아서 그냥 쓰기로 한 거래.
하지만 사람을 본뜬 원래 뜻을 살려
자세를 바꿔 돌아앉은 사람을 뜻하기도 해.

01 ● 혼자서 바꿔

化 화
死 사

02 ● 나란히 바꿔

比 비
北 배

 01 | 化・死

모두 변하나 봐

자, 지금 자세 그대로 얼마나 버틸 수 있겠니?
항상 변하는 사람의 모습에서 아이디어를 얻었는지
사람과 세상의 변화를 뜻하는 글자에 ヒ(숟가락 비)가 들어간단다.

● 서 있던 사람이 반대로 돌아앉으니

바뀔 **화**

化

서 있는 사람

앉은 사람

변화의 동굴

ㅂ
化
바뀔 화

변화 (變 변할 변 + 化)
→ 사물의 모양이나 성질
따위가 바뀌어 다른
모양이나 성질을 갖게 됨.

● 변화 (變化)

진화와 퇴화를 한 몸에!

ヒ
化
바뀔 화

- 진화 (進 나아갈 진 + 化)
  나아지는 방향으로의 변화.
- 퇴화 (退 물러날 퇴 + 化)
  쇠퇴되는 방향으로의 변화.

● **진화**(進化) · **퇴화**(退化)

대봉이의
수상한 죽음

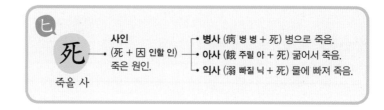

死
죽을 사

→ 사인
(死 + 因 인할 인)
죽은 원인.

→ **병사** (病 병병 + 死) 병으로 죽음.
→ **아사** (餓 주릴 아 + 死) 굶어서 죽음.
→ **익사** (溺 빠질 닉 + 死) 물에 빠져 죽음.

● **사인**(死因)

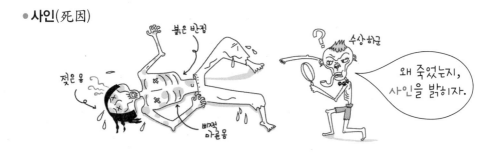

붉은 반점
젖은 옷
빠쩍 마른 몸
수상하군
왜 죽었는지, 사인을 밝히자.

● **병사**(病死)·**아사**(餓死)·**익사**(溺死)

혹 병사? 반점을 보니 병으로 죽은 것 같아.

아 가려워

아사인가? 굶어 죽었을지도....

배고파

익사일 수도 있어. 물에 빠져 죽은 거지.

살려줘

아, 답답해! 그냥 알려줄게

끼아 아 아 아 아

요가킹의 무모한 도전

死
죽을 사

- **사생결단** (死 + 生 살 생 + 決 결단할 결 + 斷 끊을 단)
  어떤 일에 죽기 살기로 악착같이 나서는 것.
- **구사일생** (九 아홉 구 + 死 + 一 한 일 + 生 살 생)
  아홉 번 죽을 고비를 넘겨 겨우 살아남.

● **사생결단** (死生決斷)

● **구사일생** (九死一生)

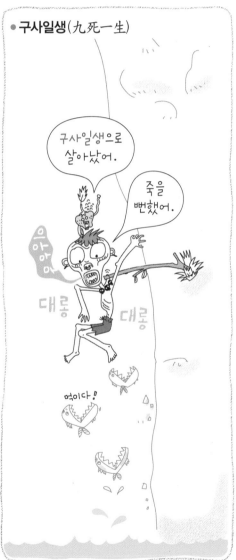

무엇이든 바꿔 드립니다

化(바꿀 화)는 뭐든 바꾸는 힘을 가진 글자야. 가죽, 풀, 마노 조개,
어디에 붙여도 좋아. 化(바꿀 화)만 들어가면 새로운 뜻으로 변신!!

02 | 比・北

사이좋게 지내야지

두 사람이 나란히 앉아 있으니 한눈에 비교가 되지?
그런데 그중 한 명이 등을 돌렸어. 뭔가 문제가 생긴 게 분명해.

60

서로가 등을 돌렸으니

등질 배

추운 북쪽을 등지고

北(등질 배)는 나중에 '(등을 보이고) 달아나다'란 뜻을 갖게 됐어.
또 사람들이 추운 북쪽을 등지고 생활하면서 '북녘'의 뜻으로도
쓰이게 되었지. 북녘을 뜻할 때는 '배'가 아니라 '북'으로 읽혀.

나란히 비교!
빗대어 비유!

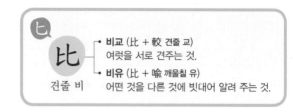

比
견줄 비

- **비교** (比 + 較 견줄 교)
  여럿을 서로 견주는 것.
- **비유** (比 + 喩 깨울칠 유)
  어떤 것을 다른 것에 빗대어 알려 주는 것.

● 비교(比較)

● 비유(比喩)

패배의 후유증

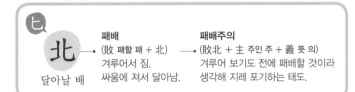

七
北
달아날 배

→ **패배**
(敗 패할 패 + 北)
겨루어서 짐.
싸움에 져서 달아남.

→ **패배주의**
(敗北 + 主 주인 주 + 義 뜻 의)
겨루어 보기도 전에 패배할 것이라
생각해 지레 포기하는 태도.

● 패배(敗北)

● 패배주의(敗北主義)

북풍의 방해

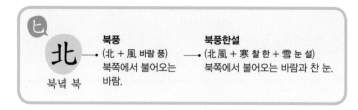

北
북녘 북

→ 북풍
(北 + 風 바람 풍)
북쪽에서 불어오는
바람.

→ 북풍한설
(北風 + 寒 찰 한 + 雪 눈 설)
북쪽에서 불어오는 바람과 찬 눈.

● 북풍(北風)

● 북풍한설(北風寒雪)

64

북극 탐험

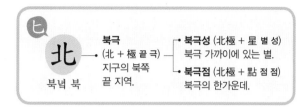

北
북녘 북

북극
(北 + 極 끝 극)
지구의 북쪽
끝 지역.

• 북극성 (北極 + 星 별 성)
북극 가까이에 있는 별.
• 북극점 (北極 + 點 점 점)
북극의 한가운데.

●**북극성**(北極星) · **북극점**(北極點)

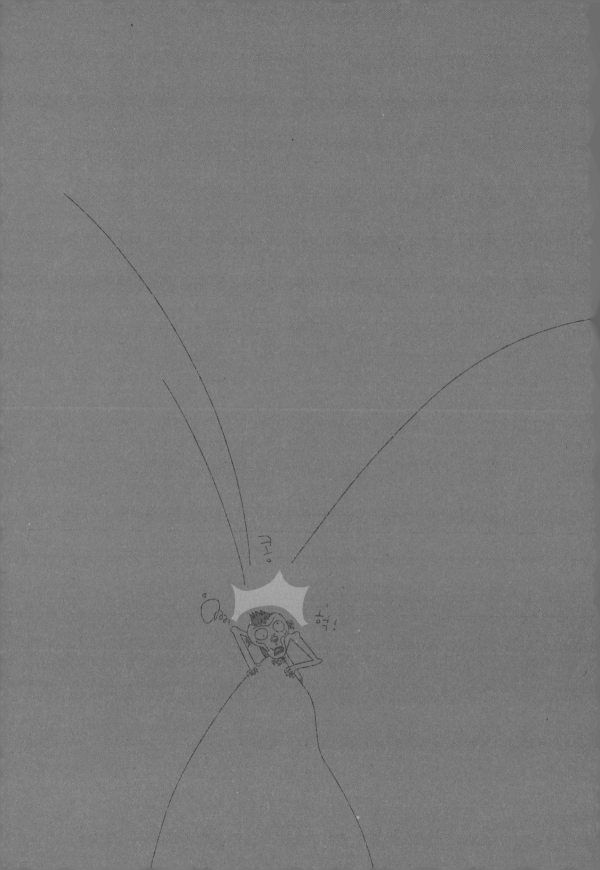

병부 절

무릎 꿇고 뭐 해?

卩(병부 절)은 꿇어앉은 사람의 모습을 본뜬 글자야.

$$\text{🧎} \rightarrow \text{𠃜} \rightarrow \text{コ} \rightarrow 卩(巴)$$

'병부'란 말이 낯설지? 옛날, 임금이 군사 일을 맡아보던
신하에게 내리던 나무패를 병부라고 해. 글자 모양이
그 병부의 모양과 비슷해서 '병부 절'이라고 했대.
하지만 글자 모양에 담긴 원래 뜻도 사라지지 않았어.
무릎을 꿇는 자세에는 자신을 낮추는 복종의 의미가 있지.
어떤 상황에서 무릎을 꿇는지 글자 속에서 살펴볼까?

01 • 꿇어라!
印 인
仰 앙

02 • 명령입니까?
令 령
命 명

02 • 앗, 위험해!
厄 액
危 위

너는 내 밑! 무릎을 꿇어라

무릎을 꿇어 본 적이 있지? 무릎을 꿇으면 몸이 낮아져.
웃어른을 마주할 때나 용서를 빌 때처럼 무릎을 꿇는 자세에는
자신을 낮추고 상대의 뜻에 따르겠다는 의미가 담겨 있어.

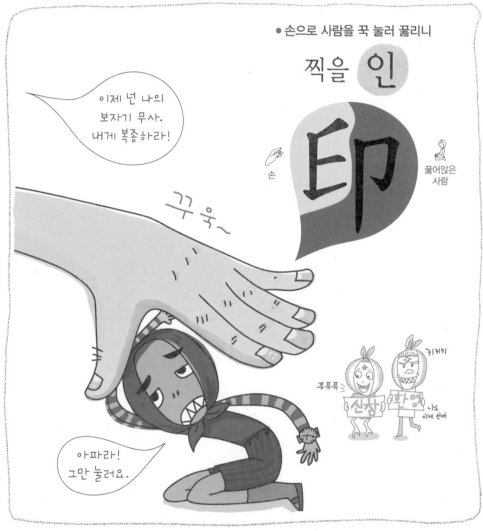

• **印**(찍을 인) 내리누르는 모습을 본떴기 때문에 '도장'이란 뜻으로도 쓰여.

• 꿇어앉아 서 있는 사람을 올려다보니

우러를 앙

仰

선 사람

꿇어앉은 사람

난 주인! 존경의 마음을 담아 우러러보도록.

뭘 봐?

이렇게 고개를 들고 보면 되나?

눈 아파

참아

• **仰**(우러를 앙) 처음 만들어진 글자는 . 이를 다듬은 글자가 卬(우러를 앙)이야.
  그 후 서 있는 사람의 모습을 강조하기 위해 亻(사람 인)을 더해 지금의 글자를 만들었어.

잘못된 각인이
부른 오해

● 각인(刻印)

● 각인(刻印)되다

낙인은 눈물과 함께

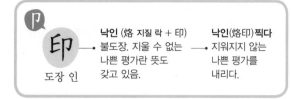

尸
印
도장 인

낙인 (烙 지질 락 + 印)
→ 불도장. 지울 수 없는
나쁜 평가란 뜻도
갖고 있음.

낙인(烙印)찍다
→ 지워지지 않는
나쁜 평가를
내리다.

● **낙인(烙印)**

● **낙인(烙印)찍다**

하늘을 우러르며

仰
우러를 앙

- **앙천대소** (仰 + 天 하늘 천 + 大 큰 대 + 笑 웃을 소)
  하늘을 보며 크게 웃음. 어이없어 터진 웃음을 뜻함.
- **앙천통곡** (仰 + 天 하늘 천 + 痛 아플 통 + 哭 울 곡)
  하늘을 쳐다보며 몹시 욺.

● **앙천대소(仰天大笑)**

● **앙천통곡(仰天痛哭)**

74

번개 무사의 탄생

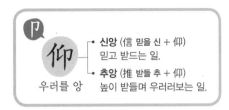

尸
仰
우러를 앙

- 신앙 (信 믿을 신 + 仰)
  믿고 받드는 일.
- 추앙 (推 받들 추 + 仰)
  높이 받들며 우러러보는 일.

● 신앙(信仰)

● 추앙(推仰)

분부만 내리십시오

윗사람의 명령을 뜻하는 글자에는 모두 무릎 꿇은 사람의
모습이 들어 있어. 무릎을 꿇었으니 무슨 일이건 따르겠다는 뜻!

● 집 앞에 꿇어앉은 사람에게 명령을 내리니

명령할 명

집(관청)

입(명령)

꿇어앉은
사람

명령이 떨어졌다!

빨리빨리

넵!

명령이다!
벼랑 딸기를
가져오너라!

명령
받들겠습니다.

● **命(명령할 명)** 옛날에는 노예의 목숨이 주인의 명령에 달려 있었기 때문에 '목숨'의 뜻으로도 쓰여.

주인님의
수상한 명령

令
명령 령

명령 (命 명령할 명 + 令)
윗사람이 아랫사람으로
하여금 어떤 일을 하도록
시키는 말.

• **단발령** (斷 끊을 단 + 髮 머리털 발 + 令)
머리를 짧게 자르라고 한 명령.
• **함구령** (緘 봉할 함 + 口 입구 + 令)
어떤 일에 대해 말하지 말라는 명령.

● 명령(命令)

● 단발령(斷髮令)

● 함구령(緘口令)

수명 연장의 꿈!

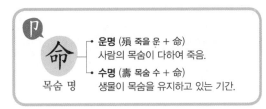

命
목숨 명

- **운명** (殞 죽을 운 + 命)
  사람의 목숨이 다하여 죽음.
- **수명** (壽 목숨 수 + 命)
  생물이 목숨을 유지하고 있는 기간.

● 운명(殞命)

● 수명(壽命)

79

가파른 벼랑에서 떨어지면

다리를 접고 있기 때문일까. 꿇어앉은 사람을 본뜬 卩(병부 절)은
웅크린 사람을 나타낼 때도 쓰여. 벼랑에서 떨어져 웅크린 사람의
모습도 卩(병부 절)로 표현되지.

• 사람이 벼랑에서 떨어져 웅크리고 있으니

재앙 **액**

厄

벼랑 / 웅크린 사람

액땜으로 액운 극복!

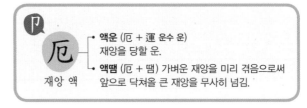

厄 재앙 액

- **액운** (厄 + 運 운수 운)
  재앙을 당할 운.
- **액땜** (厄 + 땜) 가벼운 재앙을 미리 겪음으로써 앞으로 닥쳐올 큰 재앙을 무사히 넘김.

● **액운**(厄運)

홍수에 휩쓸리고

벼락을 맞고

계단에서 구르고

재앙을
당할 운이로다!
액운이 들었어.

재앙의 기운

● **액땜**(厄땜)

투덜

투덜

괜히 점 봤어

앞을 봐

액땜했다고
생각해.

고마운 줄
알아!

아파도 좋아.
이걸로 큰 재앙은
바이바이.

번개 무사, 위험에 빠지다

ㄗ
危
위태로울 위

• 위험 (危 + 險 험할 험)
  위태롭고 험함.
• 위급 (危 + 急 급할 급)
  위태롭고 급함.

• 위험(危險)

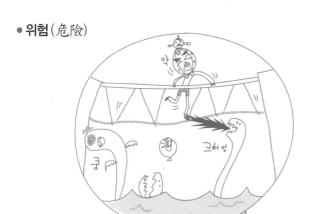

• 위급(危急)

여보~

옛날 여자들은 이렇게 살았대

옛날에는 힘센 남자들이 대접을 받았어.
농사에 전쟁까지 도맡는 남자가 집안에서도
대장 노릇을 했고, 여자는 남자를 따라야 했어.
그래서 여자를 뜻하는 글자도 무릎을 꿇고
두 손을 모은 다소곳한 모습을 본뜬 거야.

女(여자 녀)가 들어간 글자들을 뜯어보면
옛날 여자들의 모습과 생활을 엿볼 수 있지.

01 • 아내가 되면
妻 처
婦 부

02 • 아내의 일
如 여
委 위

03 • 아내와 집
安 안
妥 타

여자 녀

아내가 되었으니

결혼을 하면 무엇이 달라질까? 아내를 뜻하는 글자를 보면
결혼을 하고 집안 살림을 맡게 된 여자의 모습이 재미있게 담겨 있어.

● 결혼한 여자가 집안을 청소하니

아내 부

婦

여자

손

빗자루

수상한 가족 사진

妻 아내 처

처가 (妻 + 家 집 가)
아내의 부모와
형제가 사는 집.
아내의 본디 집안.

- **처남** (妻 + 男 사내 남) 아내의 남자 형제.
- **처형** (妻 + 兄 형 형) 아내의 언니.
- **처제** (妻 + 弟 아우 제) 아내의 여동생.

● **처가**(妻家)

● **처형**(妻兄) · **처제**(妻弟) · **처남**(妻男)

진정한 부창부수

女
婦
아내 부

부창부수 (夫 남편 부 + 唱 노래 부를 창 + 婦 + 隨 따를 수)
'남편이 노래하면 아내가 따라 부른다.'는 뜻으로 '남편이
나서서 주장을 하고, 이에 아내가 따르는 것'을 나타냄.
죽이 잘 맞는 부부를 나타내는 말로도 쓰임.

● **부창부수**(夫唱婦隨)

남편 말은 하늘이니

아내는 집안을 이끄는 남편의 말을 군말 없이 따랐어.
게다가 무슨 일이든 척척 해냈으니 믿고 맡길 만하지.

● 여자에게 농사일을 부탁하니

맡길 **위**

委

벼(농사)

여자

내 뜻대로 여의주
내 맘대로 여의봉

女
如
같을 여

- **여의주** (如 + 意 뜻 의 + 珠 구슬 주)
  뜻대로 뭐든 만들어 낼 수 있는 구슬.
- **여의봉** (如 + 意 뜻 의 + 棒 몽둥이 봉)
  뜻대로 길이를 조절할 수 있는 몽둥이.

● 여의주(如意珠)

● 여의봉(如意棒)

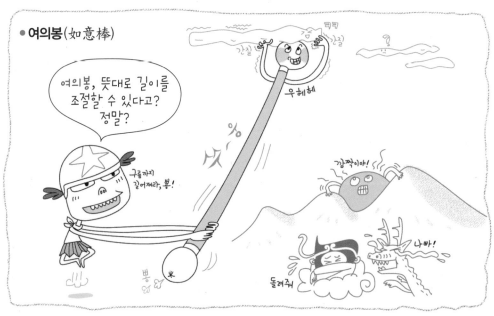

다맡겨 위탁소

女
委
맡길 위

위탁 (委 + 託 부탁할 탁)
남한테 어떤 일이나
물건을 맡기는 것.

위탁물 (委託 + 物 물건 물)
위탁한 물건.

위탁인 (委託 + 人 사람 인)
위탁한 사람.

● **위탁**(委託)

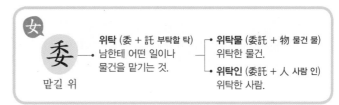

● **위탁물**(委託物) · **위탁인**(委託人)

95

03 | 安·妾

여자 맘이 편안해야

집은 세상에서 가장 편안한 곳이야. 깨끗한 방에 따뜻한 밥!
모두 엄마의 손길 덕분이지. 그건 옛날에도 마찬가지였나 봐.

무너진 안정
부서진 안전

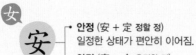

安
편안할 안

- **안정** (安 + 定 정할 정)
  일정한 상태가 편안히 이어짐.
- **안전** (安 + 全 온전할 전)
  위험이 없이 온전히 편한 상태.

- **불안정** (不 아니 불 + 安定)
  안정되지 않은 것.
- **불안전** (不 아니 불 + 安全)
  안전하지 않은 상태.

● **안정**(安定) · **안전**(安全)

● **불안정**(不安定) · **불안전**(不安全)

엄마의 파업!

女
妥
평온할 타

→ **타협** (妥 + 協 화합할 협)
어떤 일을 서로 양보하여
협의함.

→ **타결** (妥 + 結 맺을 결)
타협을 통해 어떤 일을
마무리함.

● **타협**(妥協)

● **타결**(妥結)

99

이 정도는 돼야 진짜 미녀

어떤 여자를 예쁘다고 할까?
아름다운 여자의 모습을 담고 있는 글자를 살펴보자.

예쁠 미

妙 작다
(젊다)

묘할 묘

엄지 공주의 묘한 매력

제가 어려서 그런가 봐요.

要 허리+손

허리 요

허리가 가늘어야죠. 나처럼!

나 알아! 이 사람

엄마 짱!

파이팅!

자식 자

쑥쑥 커라, 우리 아기

子(자식 자) 자는 포대기에 싸여
팔을 버둥거리는 아기의 모습이야.

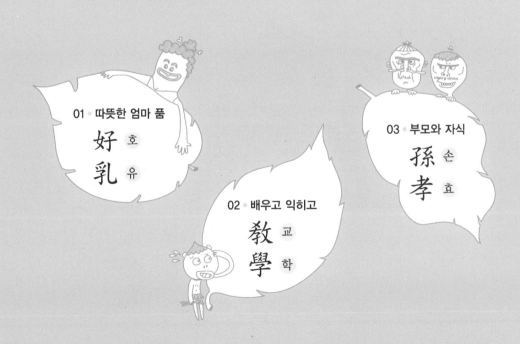

子(자식 자) 자는 주로 자식을 낳아 기르는
것과 관련된 글자에 들어가. 처음에는
아들, 딸 구분 없이 그냥 자식을 뜻했는데,
이후 아들이 집안의 대를 잇는다고 생각하면서
'아들'만을 뜻하는 글자로도 쓰이고 있지.

01 · 따뜻한 엄마 품

好 호
乳 유

02 · 배우고 익히고

教 교
學 학

03 · 부모와 자식

孫 손
孝 효

어린 자식을 품에 안고

엄마가 어린 자식을 안고 있어. 배고플까 젖 주고, 추울까 안아 주고.
어쩜 이리 좋을까. 엄마의 얼굴에는 행복한 미소가 떠나지 않아.

● 엄마가 자식에게 젖가슴을 물리니

젖 유

손

자식

젖가슴

乳

왕두야, 배고프지? 어서 젖 먹자.

잘 먹네

쭈~욱

신전우유

모자라면 더 먹어

헤헤, 고맙게도

네 거 아니거든

밀림에서 호의호식

好
좋을 호

→ **호의** (好 + 衣 옷 의)
좋은 옷.

→ **호식** (好 + 食 밥 식)
좋은 음식.

→ **호의호식** (好衣好食)
좋은 옷을 입고 좋은 음식을 먹으며 부유하게 잘사는 것.

● 호의(好衣)

● 호식(好食)

● 호의호식(好衣好食)

빼앗긴 우유 때문에

乳
젖 유

- 우유 (牛 소 우 + 乳)
  소의 젖.
- 모유 (母 어미 모 + 乳)
  엄마의 젖.

수학은 어려워

숫자가 생기기 전, 수를 나타내던 막대를 산가지라고 해.
아이들은 산가지로 수를 배웠는데 제대로 못하면 맞기도 했대.
공부 때문에 혼나는 건 예나 지금이나 마찬가지.

- 아이가 집에서 수를 익히니

배울 학

學

두 손

집

산가지(수)

아이

배운 대로
세어 보자.
하나, 둘, 셋, 넷!

울 아들이
집에서
공부를?

흐어헝~

감동이야~

헉! 롱헝롱

외… 계인?

배우는
자세가 됐군!

정글 학교의 알찬 교육

教
가르칠 교
子

- **교사** (教 + 師 스승 사)
  가르치는 사람.
- **교육** (教 + 育 기를 육)
  지식 등을 가르치고 인격을 기름.

어이없는 학습의 결과

學
배울 학

- 학생 (學 + 生 사람 생)
  배우는 사람.
- 학습 (學 + 習 익힐 습)
  배워서 익힘.

● 학생(學生)

● 학습(學習)

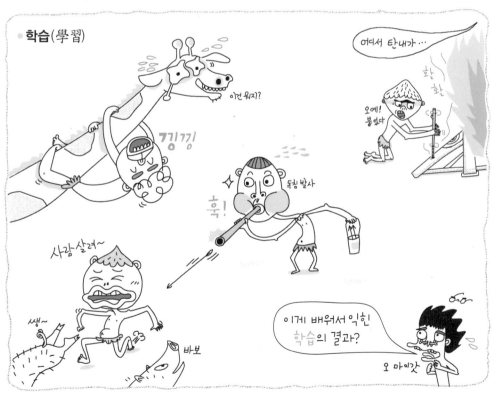

부모와 자식은 한 핏줄

너희는 누굴 닮았니? 엄마? 아빠? 할아버지, 할머니를
닮은 구석도 있을걸. 핏줄로 이어진 가족은 어디든 닮게 마련이야.

● 자식의 피를 이어받은 아이니

손자 손

● 자식이 늙은 부모를 업고 돌보니

효도 **효**

孝

늙은 부모

자식

耂(늙을 로) 옛 모습은 𠄌. 등이 굽은 노인이 지팡이를 짚고 있는 모습을 본떴어.
老(늙을 로)와 모양은 다르지만 같은 글자야.

왕두네 가계도

孫
손자 손

자손
→ (子 자식 자 + 孫)
자식과 손자.
후손의 뜻도 갖고 있음.

• **자식** (子 자식 자 + 息 자식 식)
부모가 낳은 아이.
• **손주** (孫 + 주)
손자(孫子)와 손녀(孫女).

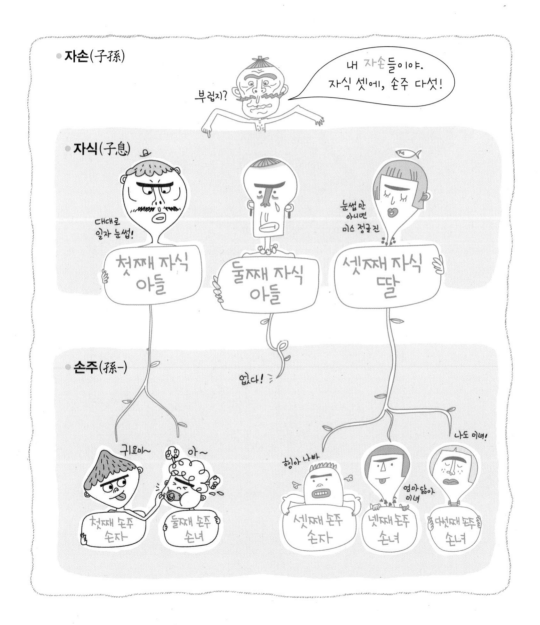

왕두의 효도

孝
효도 효

- **효심** (孝 + 心 마음 심)
  효도하는 마음.
- **효행** (孝 + 行 행할 행)
  효도하는 행동.

신 나는 사다리 타기

찡가에 다른 그림을 붙이면 어떤 글자가 될까? 사다리 밑에 어울리는 글자를 적어 봐.

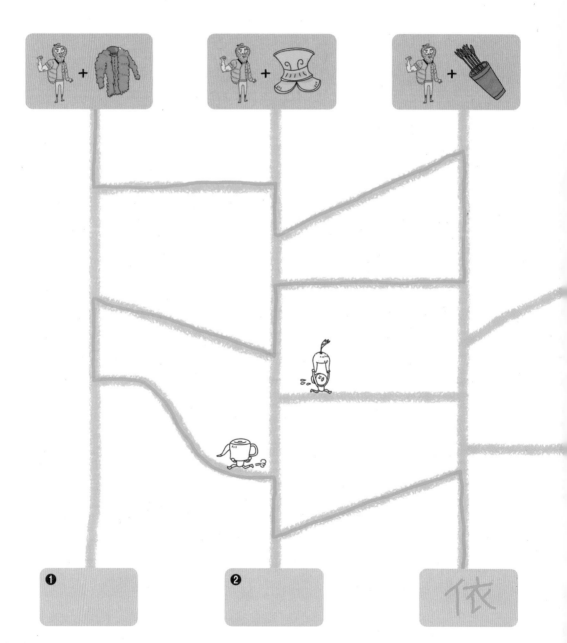

❶

❷

依

依 介 備 伐 兒 元

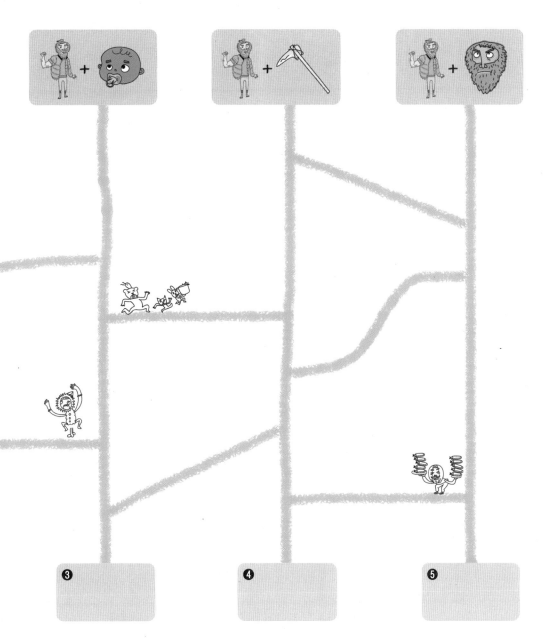

몸으로 말해요

제시된 글자를 찡가가 몸으로 표현하고 있어. 글자와 어울리는 모양의 찡가를 보기에서 찾아봐.

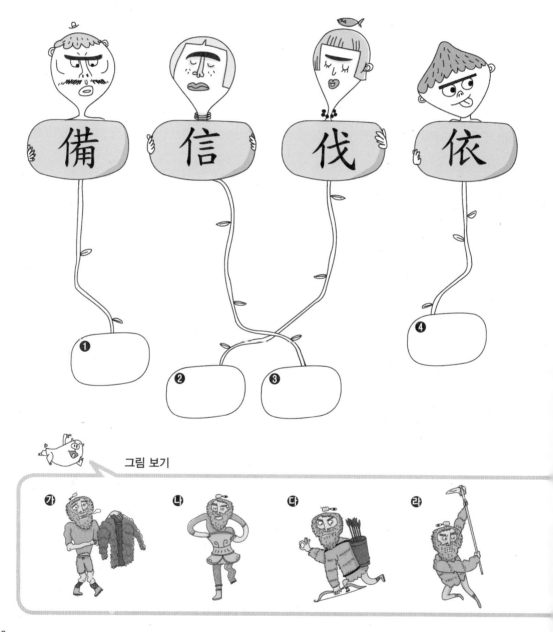

그림 보기

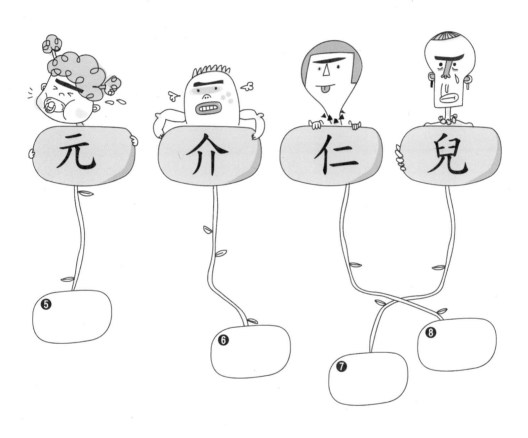

元 介 仁 兒

❺

❻

❼

❽

마 바 사 아

지금 딱 맞는 단어는?

만화에 어울리는 단어를 보기에서 골라 적어 봐.

① 미리미리 준비하자

겨울에 쓸 물건을 미리미리 챙겨야 해.

답: _____

② 우지끈! 나무를 자르자

다 베어 버리겠다!

답: _____

글자 보기

依存 의존	介入 개입	仲介 중개	背信 배신
對備 대비	警備 경비	伐木 벌목	信賴 신뢰

❸ 샤샥! 둘 사이로 파고들어

답: _____

❹ 믿고 의지한다면 ...

답: _____

125

나도 그림 작가 ❶

점선을 잇고 색을 칠해 그림을 완성한 뒤, 그림에 어울리는 글자를 적어 봐.

어울리는 글자는? _____

大 天 美 立 夫 竝 太

어울리는 글자는? _____

나도 그림 작가 ❷

점선을 잇고 색을 칠해 그림을 완성한 뒤, 그림에 어울리는 글자를 적어 봐.

어울리는 글자는? _____

大 天 美 立 夫 竝 太

어울리는 글자는? _____

그림일기를 읽어라!

친구의 그림일기를 어렵게 구했어. 그런데 일기 중간중간에 단어가 빠져 있네.
빠진 단어를 채우며 그림일기를 읽어 봐.

2018년 8월 3일

대봉이는 ❶ [＿＿＿＿] 다. 덩치도 크고 마음도 넓다.

대봉이를 아는 반 이상이, 그러니까 ❷ [＿＿＿＿] 이

"대봉이는 넓고 평온한 바다인 ❸ [＿＿＿＿] 만큼 넓고,

크고 빛나는 별인 ❹ [＿＿＿＿] 만큼 따뜻한 마음을 가졌어."

라고 말한다. 나는 그런 대봉이가 너무 좋다.

단어 보기

太平洋 태평양   太陽 태양   天性 천성   大丈夫 대장부
拙丈夫 졸장부   天才 천재   太半 태반   天壤之差 천양지차

2018년 8월 4일

오봉이는 ❺ [　　　　] 다. 얼마나 쩨쩨한지 말도 못한다.

어제는 혼자 아이스크림을 먹으며 우리를 약 올렸다.

잘난 척도 심하다. 태어날 때부터 수학을 잘했다나!

자기가 수학 ❻ [　　　　] 라고 만날 뽐낸다.

대봉이와 비교하면 ❼ [　　　　], 말 그대로 하늘과 땅 차이다.

어릴 때부터 그랬다니 오봉이는 ❽ [　　　　] 이 못된 게 분명하다.

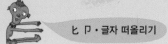 ヒ ㄕ・글자 떠올리기

풍선 아래로 줄줄이

풍선에 연결된 줄을 따라가며 글자에 들어 있는 그림을 골라 색칠해 봐.

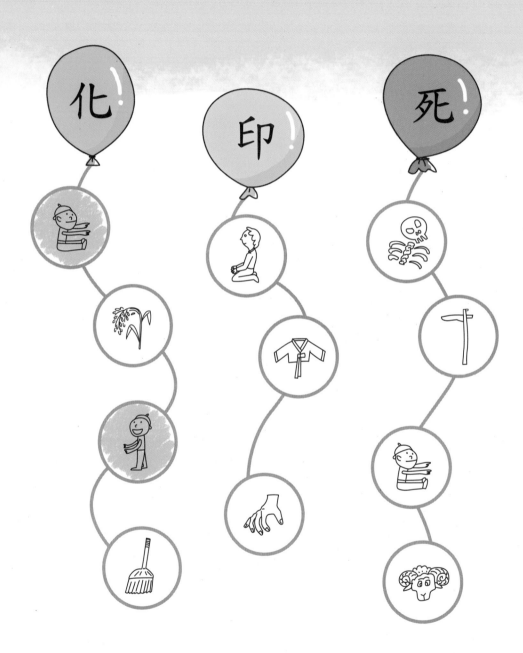

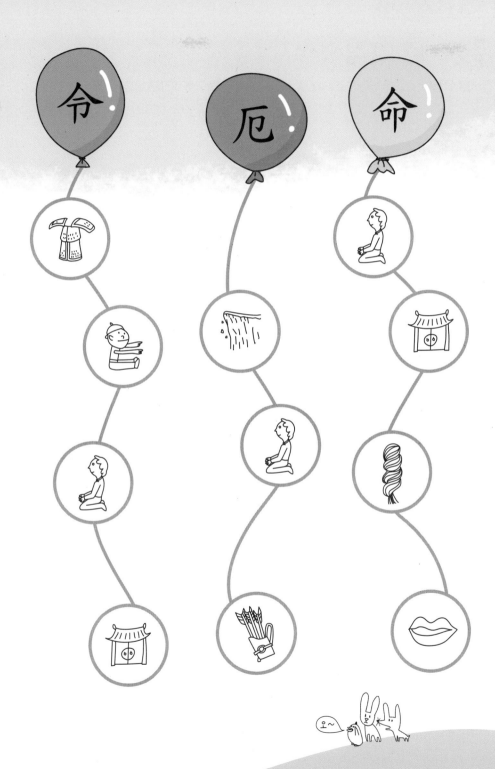

 ㄴ ㅁ · 그림 떠올리기

글자야? 그림이야?

글자를 그림으로 그린다면? 글자와 어울리는 그림을 찾아서 선으로 연결해 봐.

 ❶

 ❷

 ❸

 ❹

 ❺

 ❻

 가

 나

 다

 라

 마

 바

낱말 퍼즐 맞추기

가로 열쇠와 세로 열쇠를 힌트로 낱말 퍼즐을 맞춰 봐.

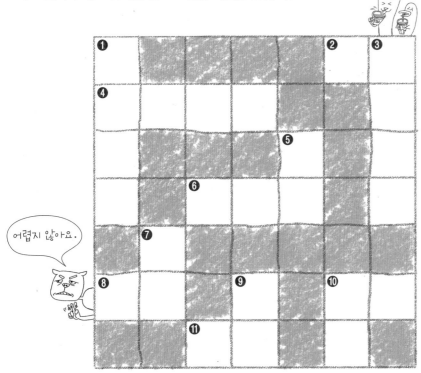

어렵지 않아요.

 가로 열쇠

❷ 推仰 높이 받들며 우러러보는 일.

❹ 死生決斷 어떤 일에 죽기 살기로 악착같이
나서는 것.

❻ 斷髮令 머리를 짧게 자르라고 한 명령.

❽ 烙印 불도장. 지워지지 않는 나쁜 평가란
뜻도 갖고 있음.

❿ 危險 위태롭고 험함.

⓫ 進化 나아지는 방향으로의 변화

세로 열쇠

❶ 九死一生 아홉 번 죽을 고비를 넘겨
겨우 살아남.

❸ 仰天大笑 하늘을 보며 크게 웃음.

❺ 命令 윗사람이 아랫사람으로 하여금
어떤 일을 하도록 시키는 일.

❼ 刻印 도장을 새김.

❾ 變化 사물의 모양이나 성질 따위가 바뀌어
다른 모양이나 성질을 갖게 됨.

❿ 危急 위태롭고 급함.

아슬아슬 다리 건너기

여자와 아이에 각각 다른 그림을 붙이면 어떤 글자가 될까?
다리 건너편에 어울리는 글자를 적어 봐.

好 孫 孝 如 委 安 妥

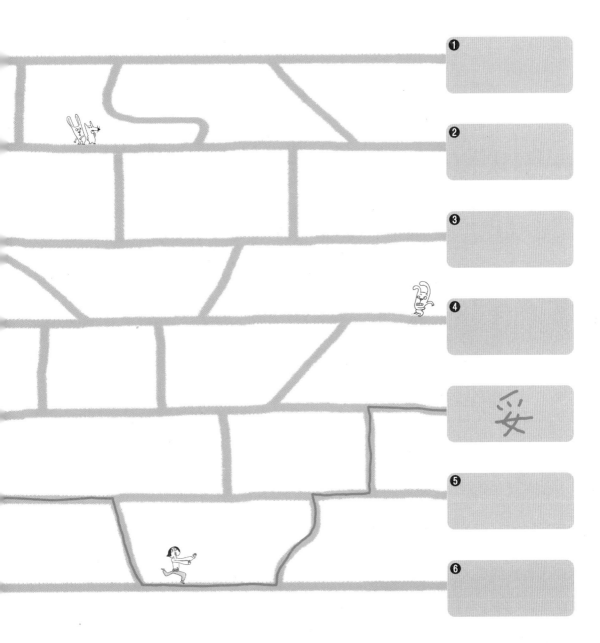

❶

❷

❸

❹

妥

❺

❻

앗싸! 빙고

빙고판을 모두 채워야 빙고!
글자 빙고판과 그림 빙고판이 짝을 이루게 보기에서 골라 채워 보자.

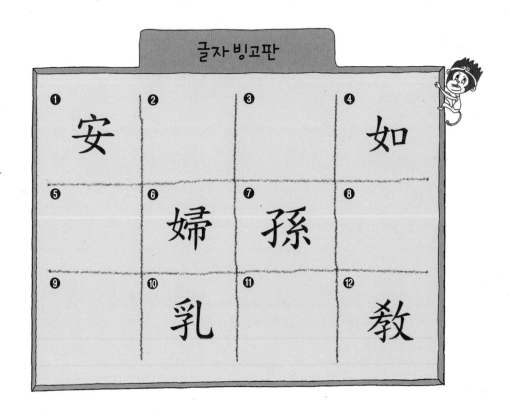

글자빙고판

❶ 安	❷	❸	❹ 如
❺	❻ 婦	❼ 孫	❽
❾	❿ 乳	⓫	⓬ 教

글자 보기

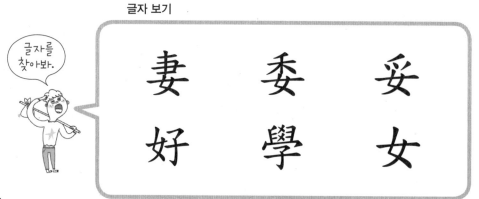

글자를
찾아봐.

妻　委　妥
好　學　女

그림 빙고판

그림 보기

그림 번호를
골라 적어.

도전! 미로 탈출

미로에서 길을 찾아 봐. 여섯 문제를 전부 풀어야 하고
한번 지난 길은 절대 다시 갈 수 없으니, 길을 잘 선택해야 돼.

출발

❶ 엄마 젖은?

답: _____

❷ 가르치는 사람은?

답: _____

❸ 일정한 상태가
계속 이어지는 것은?

답: _____

단어 보기

母乳 모유	孝道 효도	孝心 효심	妥結 타결
委託 위탁	教師 교사	安定 안정	安全 안전

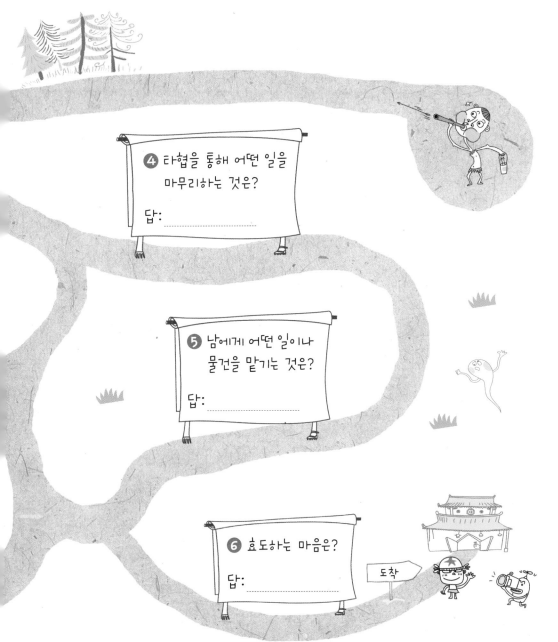

❹ 타협을 통해 어떤 일을 마무리하는 것은?

답:

❺ 남에게 어떤 일이나 물건을 맡기는 것은?

답:

❻ 효도하는 마음은?

답:

도착

141

한자툰 놀이터 정답

p120~121 신 나는 사다리 타기

❶兒 ❷元 ❸伐 ❹備 ❺介

p122~123 몸으로 말해요

❶다 ❷라 ❸아 ❹가 ❺사 ❻나 ❼마 ❽바

p124~125 지금 딱 맞는 단어는?

❶대비 ❷벌목 ❸개입 ❹신뢰

p126~129 나도 그림 작가 ①, ②

夫   美   立   竝

p130~131 그림일기를 읽어라!

❶대장부 ❷태반 ❸태평양 ❹태양

❺졸장부 ❻천재 ❼천양지차 ❽천성

p132~133 풍선 아래로 줄줄이

印   死   令

厄   命

구					추	앙
사	생	결	단			천
일				명		대
생		단	발	령		소
	각					
낙	인		변		위	험
		진	화		급	

찾아보기